用文字照亮每个人的精神夜空

中国园林妙在含蓄，一山一石，耐人寻味。

——陈从周

陈从周作品精选

谈园录

陈从周 著

燕山大学出版社
·秦皇岛·

图书在版编目（CIP）数据

谈园录 / 陈从周著. -- 秦皇岛：燕山大学出版社，2025.2. --（陈从周作品精选）. -- ISBN 978-7-5761-0773-9

Ⅰ．I267

中国国家版本馆 CIP 数据核字第2024JA0094号

谈园录
TAN YUAN LU

陈从周 著

出 版 人：陈 玉		选题策划：北京领读文化	
责任编辑：刘馨泽		特约编辑：田 千	
责任印制：吴 波		封面设计：InnN Studio	
出版发行：燕山大学出版社		电　　话：0335-8387555	
地　　址：河北省秦皇岛市河北大街西段438号		邮政编码：066004	
印　　刷：河北赛文印刷有限公司		经　　销：全国新华书店	
开　　本：889 mm×1194 mm　1/32		印　　张：4.75	
版　　次：2025年2月第1版		印　　次：2025年2月第1次印刷	
书　　号：ISBN 978-7-5761-0773-9		字　　数：58千字	
定　　价：48.00元			

版权所有　侵权必究
如发生印刷、装订质量问题，读者可与出版社联系调换
联系电话：0335-8387718

目 录

1 说园

35 续说园

53 说园（三）

75 说园（四）

95 说园（五）

113 附录：中国园林名画例选

说园

我国造园具有悠久的历史,在世界园林中树立着独特风格,自来学者从各方面进行分析研究,各抒高见。如今就我在接触园林中所见闻掇拾到的,提出来谈谈,姑名"说园"①。

园有静观、动观之分,这一点我们在造园之先,首要考虑。何谓静观,就是园中予游者多驻足的观赏点;动观就是要有较长的游览线。二者说来,小园应以静观为主,动观为辅。庭院专主静观。大园则以动观为主,静观为辅。前者如苏州网师园,后者则苏州拙政园差可似之。人们进入网师园宜坐宜留之建筑多,绕池一周,有槛前细数游鱼,有亭中待月迎风,而轩外花影移墙,

---

① 此文系作者1978年春应上海植物园所请而作的讲话稿,经整理而成。——编者注

峰峦当窗，宛然如画，静中生趣。至于拙政园径缘池转，廊引人随，与"日午画船桥下过，衣香人影太匆匆"的瘦西湖相仿佛，妙在移步换影，这是动观。立意在先，文循意出。动静之分，有关园林性质与园林面积大小。像上海正在建造的

［明］仇英《游骑图》（局部）

盆景园，则宜以静观为主，即为一例。

中国园林是由建筑、山水、花木等组合而成的一个综合艺术品，富有诗情画意。叠山理水要造成"虽由人作，宛自天开"的境界。山与水的关系究竟如何呢？简言之，模山范水，用局部之景而非缩小（网师园水池仿虎丘白莲池，极妙），处理原则悉符画本。山贵有脉，水贵有源，脉源贯通，全园生动。我曾经用"水随山转，山因水活"与"溪水因山成曲折，山蹊随地作低平"来说明山水之间的关系，也就是从真山真水中所得到的启示。明末清初叠山家张南垣主张用平冈小陂、陵阜陂阪，也就是要使园林山水接近自然。如果我们能初步理解这个道理，就不至于离自然太远，

［元］赵孟𫖯《竹石图》

多少能呈现水石交融的美妙境界。

中国园林的树木栽植，不仅为了绿化，且要具有画意。窗外花树一角，即折枝尺幅；山间古树三五，幽篁一丛，乃模拟枯木竹石图。重姿态，不讲品种，和盆栽一样，能"入画"。拙政园的枫杨、网师园的古柏，都是一园之胜，左右大局，如果这些饶有画意的古木丢了，一园景色顿减。树木品种又多有特色，如苏州留园原多白皮松，怡园多松、梅，沧浪亭满种箬竹，各具风貌。可是近年来没有注意这个问题，品种搞乱了，各园个性渐少，似要引以为戒。宋人郭熙说得好："山以水为血脉，以草木为毛发，以烟云为神彩。"草尚如此，何况树木呢？我总觉得一地方的园林应该有那个地方的植物特色，并且土生土长的树木存活率大，成长得快，几年可茂然成林。它与植物园有别，是以观赏为主，而非以种多斗奇。要能做到"园以景胜，景因园异"，那真是不容易。这当然也包括花卉在内。同中求不同，不同中求

园林的树木栽植（[明]仇英《园林清课图》[局部]）

同，我国园林是各具风格的。古代园林在这方面下过功夫，虽亭台楼阁，山石水池，而能做到风花雪月，光景常新。我们民族在欣赏艺术上存乎一种特性，花木重姿态，音乐重旋律，书画重笔意等，都表现了要用水磨功夫，才能达到耐看耐听，经得起细细地推敲，蕴藉有余味。在民族形式的探讨上，这些似乎对我们有所启发。

园林景物有仰观、俯观之别，在处理上亦应区别对待。楼阁掩映，山石森严，曲水湾环，都存乎此理。"小红桥外小红亭，小红亭畔、高柳万蝉声。""绿杨影里，海棠亭畔，红杏梢头。"这些词句不但写出园景层次，有空间感和声感，同时高柳、杏梢，又都把人们视线引向仰观。文学家最敏感，我们造园者应向他们学习。至于"一丘藏曲折，缓步有跻攀"，则又皆留心俯视所致。因此园林建筑物的顶，假山的脚，水口，树梢，都不能草率从事，要着意安排。山际安亭，水边留矶，是能引人仰观、俯观的方法。

楼阁掩映，山石森严（描金彩漆山水人物图长方盘）

我国名胜也好，园林也好，为什么能这样勾引无数中外游人，百看不厌呢？风景洵美，固然是重要原因，但还有个重要因素，即其中有文化、有历史。我曾提过风景区或园林有文物古迹，可丰富其文化内容，使游人产生更多的兴会、联想，不仅仅是到此一游，吃饭喝水而已。文物与风景区园林相结合，文物赖以保存，园林借以丰富多彩，两者相辅相成，不矛盾而统一。这样才能体现出一个有古今文化的社会主义中国园林。

中国园林妙在含蓄，一山一石，耐人寻味。立峰是一种抽象雕刻品，美人峰细看才像。九狮山亦然。鸳鸯厅的前后梁架，形式不同，不说不明白，一说才恍然大悟，竟寓鸳鸯之意。奈何今天有许多"好心肠"的人，唯恐游者不了解，水池中装了人工大鱼，熊猫馆前站着泥塑熊猫，如做着大广告，与"含蓄"两字背道而驰，失去了中国园林的精神所在，真大煞风景。鱼要隐现方妙，熊猫馆以竹林引胜，渐入佳境，游者反多增趣味。过去有些园名，如寒碧山庄、梅园、网师园，都可顾名思义，园内的特色是白皮松、梅、水。尽人皆知的西湖十景，更是佳例。亭榭之额真是赏景的说明书。拙政园的荷风四面亭，人临其境，即无荷风，亦觉风在其中，发人遐思。而对联文字之隽永，书法之美妙，更令人一唱三叹，徘徊不已。镇江焦山顶的别峰庵，为郑板桥读书处，小斋三间，一庭花树，门联写着"室雅无须大；花香不在多"。游者见到，顿觉心怀舒畅，亲切地感到景物宜人，博得人人称好，游罢个个传诵。至于匾额，有砖刻、石刻，联屏有板对、竹对、板屏、大理石屏，外加石刻书条石，皆少用画面，比具体的形象来得曲折耐味。其所以不用装裱的屏联，因园林建筑多敞口，有损纸质，额对露天者用砖石，室内者用竹木，皆因地制宜而安排。住宅之厅堂斋室，悬挂装裱字画，可增加内部光线及音响效果，使居者有明朗清静之感，有与无，情况大不相同。当时宣纸规格、

紫檀框子彩漆牙雕插屏

装裱大小皆有一定,乃根据建筑尺度而定。

园林中曲与直是相对的,要曲中寓直,灵活应用,曲直自如。画家讲画树,要无一笔不曲,斯理至当。曲桥、曲径、曲廊,本来在交通意义上,是由一点到另一点而设置的。园林中两侧都有风景,随直曲折一下,使行者左右顾盼有景,信步其间使距程延长,趣味加深。由此可见,曲本直生,重在曲折有度。有些曲桥,定要九曲,既不临水面(园林桥一般要低于两岸,有凌波之意),生硬屈曲,行桥宛若受刑,其因在于不明此理(上海豫园前九曲桥即坏例)。

造园在选地后,就要因地制宜,突出重点,作为此园之特征,表达出预想的境界。北京圆明园,我说它是"因水成景,借景西山",园内景物皆因水而筑,招西山入园,终成"万园之园"。无锡寄畅园为山麓园,景物皆面山而构,纳园外山景于园内。网师园以水为中心,殿春簃一院虽无水,西南角凿冷泉,贯通全园水脉,有此一眼,

16

绝处逢生，终不脱题。新建东部，设计上既背固有设计原则，且复无水，遂成僵局，是事先对全园未作周密的分析，不加思索而造成的。

园之佳者如诗之绝句，词之小令，皆以少胜多，有不尽之意，寥寥几句，弦外之音犹绕梁间（大园总有不周之处，正如长歌慢调，难以一气呵成）。我说园外有园，景外有景，即包括在此意之内。园外有景妙在"借"，景外有景在于"时"，花影、树影、云影、水影，风声、水声、鸟语、花香，无形之景，有形之景，交响成曲。所谓诗情画意盎然而生，与此有密切关系（参见拙

曲与直〔南宋〕马远《雪景》

圆明园中的日常生活（[清]佚名《雍正十二月行乐图》[局部]）

作《建筑中的借景问题》)。

万顷之园难以紧凑,数亩之园难以宽绰。紧凑不觉其大,游无倦意;宽绰不觉局促,览之有物,故以静、动观园,有缩地扩基之妙。而大胆落墨,小心收拾(画家语),更为要谛,使宽处可容走马,密处难以藏针(书家语)。故颐和园有烟波浩渺之昆明湖,复有深居山间的谐趣园,于此可悟消息。造园有法而无式,在于人们的巧妙运用其规律。计成所说的"因借"(因地制宜,借景),就是法。《园冶》一书终未列式。能做到园有大小之分,有静观动观之别,有郊园市园之异等等,各臻其妙,方称"得体"(体宜)。中国画的兰竹看来极简单,画家能各具一格;古典折子戏,亦复喜看,每个演员演来不同,就是各有独到之处。造园之理与此理相通。如果定一式使学者死守之,奉为经典,则如画谱之有"芥子园",文章之有八股一样。苏州网师园是公认为小园极则,所谓"小而精,以少胜多"。其设计原则很简单,运用了假

三十年代时，中国营造学社创办人朱启钤在日本搜罗到《园冶》的和抄本山与建筑相对而互相更换的一个原则（苏州园林基本上用此法。网师园东部新建反其道，终于未能成功），无旱船、大桥、大山，建筑物尺度略小，数量适可而止，停停当当，像一个小园格局。反之，狮子林增添了大船，与水面不称，不伦不类，就是不"得体"。清代汪春田重葺文园有诗："换却花篱补石阑，改园更比改诗难；果能字字吟来稳，小有亭台亦耐看。"说得透彻极了，到今天读起此诗，对造园工作者来说，还是十分亲切的。

园林中的大小是相对的，不是绝对的，无大便无小，无小也无大。园林空间越分隔，感到越大，越有变化，以有限面积，造无限空间，因此大园包小园，即基此理（大湖包小湖，如西湖三潭印月）。是例极多，几成为造园的重要处理方法。佳者如拙政园之枇杷园、海棠春坞，颐和园之谐趣园等，都能达到很高的艺术效果。如果入门便觉是个大园，内部空旷平淡，令人望而生畏，即入园亦未能游遍全园，故园林不起游兴是失败的。

西湖三潭印月（[宋]叶肖岩《西湖十景图》）

如果景物有特点，委婉多姿，游之不足，下次再来。风景区也好，园林也好，不要使人一次游尽，留待多次，有何不好呢？我很惋惜很多名胜地点，为了扩大空间，更希望一览无遗，甚至于希望能一日游或半日游，一次观完，下次莫来，将许多古名胜园林的围墙拆去，大是大了，得到的是空，西湖平湖秋月、西泠印社都有这样的后果。西泠饭店造了高层，葛岭矮小了一半。扬州瘦西湖妙在瘦字，今后不准备在其旁建造高层建筑，是有远见的。本来瘦西湖风景区是一个私家园林群（扬州城内的花园巷，同为私家园林群，一用水路交通，一用陆上交通），其妙在各园依水而筑，独立成园，既分又合，隔院楼台，红杏出墙，历历倒影，宛若图画。虽瘦而不觉寒酸，反窈窕多姿。今天感到美中不足的，似觉不够紧凑，主要建筑物少一些，分隔不够。在以后的修建中，这个原来瘦西湖的特征，还应该保留下来。拙政园将东园与之合并，大则大矣，原来部分益现局促，而东园辽阔，游人无兴,几成为过道。分之两利,合之两伤。

本来中国木构建筑,在体形上有其个性与局限性,殿是殿,厅是厅,亭是亭,各具体例,皆有一定的尺度,不能超越,画虎不成反类犬,放大缩小各有范畴。平面使用不够,可几个建筑相连,如清真寺礼拜殿用勾连搭的方法相连,或几座建筑缀以廊庑,成为一组。拙政园东部将亭子放大了,既非阁,又不像亭,人们看不惯,有很多意见。相反,瘦西湖五亭桥与白塔是模仿北京北海大桥、五龙亭及白塔,因为地位不够大,将桥与亭合为一体,形成五亭桥,白塔体形亦相应缩小,这样与湖面相称了,形成了瘦西湖的特征,不能不称佳构,如果不加分析,难以辨出它是一个北海景物的缩影,做得十分"得体"。

远山无脚,远树无根,远舟无身(只见帆),这是画理,亦造园之理。园林的每个观赏点,看来皆一幅幅不同的画,要深远而有层次。"常倚曲阑贪看水,不安四壁怕遮山。"如能懂得这些道理,

瘦西湖的五亭桥（莲花桥）与白塔

远山无脚,远树无根（[南宋]马远《踏歌图》）

宜掩者掩之，宜屏者屏之，宜敞者敞之，宜隔者隔之，宜分者分之，等等，见其片段，不逞全形，图外有画，咫尺千里，余味无穷。再具体点说：建亭须略低山巅，植树不宜峰尖，山露脚而不露顶、露顶而不露脚，大树见梢不见根、见根不见梢之类。但是运用上却细致而费推敲，小至一树的修剪，片石的移动，都要影响风景的构图。真是一枝之差，全园败景。拙政园玉兰堂后的古树枯死，今虽补植，终失旧貌。留园曲溪楼前有同样的遭遇。至此深深体会到，造园困难，管园亦不易，一个好的园林管理者，他不但要考查园的历史，更应知道园的艺术特征，等于一个优秀的护士对病人做周密细致的了解。尤其重点文物保护单位，更不能鲁莽从事，非经文物主管单位同意，须照原样修复，不得擅自更改，否则不但破坏园林风格，且有损文物，关系到党的文物政策问题。

郊园多野趣，宅园贵清新。野趣接近自然，清新不落常套。无锡蠡园为庸俗无野趣之例，网师园属清新典范。前者虽大，好评无多；后者虽小，赞辞不已。至此可证园不在大而在精，方称艺术上品。此点不仅在风格上有轩轾，就是细至装修陈设皆有异同。园林装修同样强调因地制宜，敞口建筑重线条轮廓，玲珑出之，不用精细的挂落装修，因易损伤；家具以石凳、石桌、砖面桌之类，以古朴为主。厅堂轩斋有门窗者，则配精细的装修。其家具亦为红木、紫檀、楠木、花梨所制，配套陈设，夏用藤棚椅面，冬加椅披椅垫，以应不同季节的需要。但亦须根据建筑物的华丽与雅素，分别作不同的处理。华丽者用红木、紫檀，雅素者用楠木、花梨；其雕刻之繁简亦同样对待。家具俗称"屋肚肠"，其重要可知，园缺家具，即胸无点墨，水平高下自在其中。过去网师园的家具陈设下过大功夫，确实做到相当高的水平，使游者更全面地领会我国园林艺术。

古代园林张灯夜游是一件大事，屡见诗文，但张灯是盛会，许多名贵之灯是临时悬挂的，张

清皇宫举行庆祝活动时，所制灯笼图案式样（[清]彭元瑞 编《康乾万寿灯图》局部）

后即移藏，非永久固定于一地。灯也是园林一部分，其品类与悬挂亦如屏联一样，皆有定格，大小形式各具特征。现在有些园林为了适应夜游，都装上电灯，往往破坏园林风格，正如宜兴善卷洞一样，五色缤纷，宛或餐厅，几不知其为洞穴，要还我自然。苏州狮子林在亭的戗角头装灯，甚是触目。对古代建筑也好、园林也好、名胜也好，应该审慎一些，不协调的东西少强加于它。我以为照明灯应隐，装饰灯宜显，形式要与建筑协调。至于装挂地位，敞口建筑与封闭建筑有别，有些灯玲珑精巧不适用于空廊者，挂上去随风摇曳，有如塔铃，灯且易损，不可妄挂，而电线电杆更应注意，既有害园景，且阻视线，对拍照人来说，真是有苦说不出。凡兹琐琐，虽多陈音俗套，难免絮聒之讥，似无关大局，然精益求精，繁荣文化，愚者之得，聊资参考！

庭院中的案几与圈椅（［清］吕焕成《春山听阮图》）

续说园

造园一名构园,重在构字,含意至深。深在思致,妙在情趣,非仅土木绿化之事。杜甫《陪郑广文游何将军山林十首》《重过何氏五首》,一路写来,园中有景,景中有人,人与景合,景因人异。吟得与构园息息相通,"名园依绿水,野竹上青霄","绿垂风折笋,红绽雨肥梅",园中景也。"兴移无洒扫,随意坐莓苔","石阑斜点笔,桐叶坐题诗",景中人也。有此境界,方可悟构园神理。

　　风花雪月,客观存在,构图者能招之即来,听我驱使,则境界自出。苏州网师园,有亭名"月到风来",临池西向,有粉墙若屏,正撷此景精华,风月为我所有矣。西湖三潭印月,如无潭则景不存,谓之"点景"。画龙点睛,破壁而出,其理自同。有时一景"相看好处无一言",必借之以题词，词出而景生。《红楼梦》"大观园试才题对额"一回（第十七回），描写大观园工程告竣，各处亭台楼阁要题对额，说："若大景致，若干亭榭，无字标题，任是花柳山水，也断不能生色。"由此可见题词是起"点景"之作用。题词必须流连光景，细心揣摩，谓之"寻景"。清人江弢叔有诗云："我要寻诗定是痴，诗来寻我却难辞；今朝又被诗寻着，满眼溪山独去时。""寻景"达到这一境界，题词才显神来之笔。

我国古代造园，大都以建筑物开路。私家园林，必先造花厅，然后布置树石，往往边筑边拆，边拆边改，翻工多次，而后妥帖。沈元禄记猗园谓："奠一园之体势者，莫如堂；据一园之形胜者，莫如山。"盖园以建筑为主，树石为辅，树石为建筑之连缀物也。今则不然，往往先凿池铺路，主体建筑反落其后，一园未成，辄动万金，而游人尚无栖身之处，主次倒置，遂成空园。至于绿化，有些园林、风景区、名胜古迹，砍老木、栽新树，俨若苗圃，美其名为"以园养园"，亦悖常理。

园既有"寻景"，又有"引景"。何谓"引景"？即点景引人。西湖雷峰塔圮后，南山之景全虚。景有情则显，情之源来于人。"芳草有情，夕阳无语，雁横南浦，人倚西楼。"无楼便无人，无人即无情，无情亦无景，此景关键在楼。证此可见建筑物之于园林及风景区的重要性了。

前人安排景色，皆有设想，其与具体环境不能分隔，始有独到之笔。西湖满觉陇一径通幽，数峰环抱，故配以桂丛，香溢不散；而泉淙淙，山气霏霏，花滋而馥郁，宜其秋日赏桂，游人信步盘桓，流连忘返。闻今已开公路，宽道扬尘，此景顿败。至于小园植树，其具芬芳者，皆宜围墙。而芭蕉分翠，忌风碎叶，故栽于墙根屋角；牡丹香花，向阳斯盛，须植于主厅之南。此说明植物种植，有藏有露之别。

盆栽之妙在小中见大。"栽来小树连盆活，缩得群峰入座青。"乃见巧思。今则越放越大，无异置大象于金丝鸟笼。盆栽三要：一本，二盆，三架，缺一不可。宜静观，须孤赏。

我国古代园林多封闭，以有限面积，造无限空间，故"空灵"二字，为造园之要谛。花木重姿态，山石贵丘壑，以少胜多，须概括、提炼。曾记一戏台联："三五步行遍天下；六七人雄会万师。"演剧如此，造园亦然。

白皮松独步中国园林，因其体形松秀，株干古拙，虽少年已是成人之概。杨柳亦宜装点园林，古人诗词中屡见不鲜，且有以万柳名园者。但江南园林则罕见之，因柳宜濒水，植之宜三五成行，叶重枝密，如帷如幄，少透漏之致，一般小园，不能相称。而北国园林，面积较大，高柳侵云，长条拂水，柔情万千，别饶风姿，为园林生色不少。故具体事物必具体分析，不能强求一律。有谓南方园林不植杨柳，因蒲柳早衰，为不吉之兆。果若是，则拙政园何来"柳阴路曲"一景呢？

风景区树木，皆有其地方特色。即以松而论，有天目山松、黄山松、泰山松等，因地制宜，以标识各座名山的天然秀色。如今有不少"摩登"园林家，以"洋为中用"来美化祖国河山，用心极苦。即以雪松而论，几如药中之有青霉素，可治百病，全国园林几将遍植。"白门（南京）杨柳可藏鸦"，"绿杨城郭是扬州"，今皆柳老不飞絮，户户有雪松了。泰山原以泰山松独步天下，今在岱庙中也种上雪松，古建筑居然西装革履，无以名之，名之曰"不伦不类"。

园林中亭台楼阁，山石水池，其布局亦各有地方风格，差异特甚。旧时岭南园林，每周以楼，高树深池，荫翳生凉，水殿风来，溽暑顿消，而竹影兰香，时盈客袖，此唯岭南园林得之，故能与他处园林分庭抗衡。

园林中求色，不能以实求之。北国园林，以翠松朱廊衬以蓝天白云，以有色胜。江南园林，小阁临流，粉墙低桠，得万千形象之变。白本非色，而色自生；池水无色，而色最丰。色中求色，不如无色中求色。故园林当于无景处求景,无声处求声,动中求动,不如静中求动。景中有景,园林之大镜、大池也,皆于无景中得之。

庭院前的盆景（[明]杜琼《友松图》[局部]）

小园树宜多落叶，以疏植之，取其空透；大园树宜适当补常绿，则旷处有物。此为以疏救塞，以密补旷之法。落叶树能见四季，常绿树能守岁寒，北国早寒，故多植松柏。

石无定形，山有定法。所谓法者，脉络气势之谓，与画理一也。诗有律而诗亡，词有谱而词衰，汉魏古风、北宋小令，其卓绝处不能以格律绳之者。至于学究咏诗，经生填词，了无性灵，遑论境界。造园之道，消息相通。

假山平处见高低，直中求曲折，大处着眼，小处入手。黄石山起脚易，收顶难；湖石山起脚难，收顶易。黄石山要浑厚中见空灵，湖石山要空灵中寓浑厚。简言之，黄石山失之少变化，湖石山失之太琐碎。石形、石质、石纹、石理，皆有不同，不能一律视之，中存辩证之理。叠黄石山能做到面面有情，多转折；叠湖石山能达到宛转多姿，少做作，此难能者。

叠石重拙难，竖古朴之峰尤难，森严石壁更非易致。而石矶、石坡、石磴、石步，正如云林小品，其不经意处，亦即全神最贯注处，非用极大心思，反复推敲，对全景作彻底之分析解剖，然后以轻灵之笔，随意着墨，正如颊上三毛，全神飞动。不经意之处，要格外经意。明代假山，其厚重处，耐人寻味者正在此。清代同光时期假山，欲以巧取胜，反趋纤弱，实则巧夺天工之假山，未有不从重拙中来。黄石之美在于重拙，自然之理也。没有质性，必无佳构。

明代假山，其布局至简，磴道、平台、主峰、洞壑，数事而已，千变万化，其妙在于开阖。何以言之？开者山必有分，以涧谷出之，上海豫园大假山佳例也。阖者必主峰突兀，层次分明，而山之余脉，石之散点，皆开之法也。故旱假山之山根、散石，水假山之石矶、石濑，其用意一也。明人山水画多简洁，清人山水画多繁琐，其影响两代叠山，不无关系。

明张岱《陶庵梦忆》中评仪征汪园三峰石云："余见其弃地下一白石，高一丈、阔二丈而痴，痴妙；一黑石，阔八尺、高丈五而瘦，瘦妙。"痴妙，瘦妙，张岱以"痴"字、"瘦"字品石，盖寓情在石。清龚自珍品人用"清丑"一词，移以品石极善。广州园林新点黄蜡石，甚顽。指出"顽"字，可补张岱二妙之不足。

假山有旱园水做之法，如上海嘉定秋霞圃之后部，扬州二分明月楼前部之叠石，皆此例也。园中无水，而利用假山之起伏，平地之低降，两者对比，无水而有池意，故云水做。至于水假山以旱假山法出之，旱假山以水假山法出之，则谬矣。因旱假山之脚与水假山之水口两事也。他若水假山用崖道、石矶、湾头，旱假山不能用；反之，旱假山之石根、散点，又与水假山者异趣。至于黄石不能以湖石法叠，湖石不能运黄石法，其理更明。总之，观天然之山水，参画理之所示，外师造化，中发心源，举一反三，无往而不胜。

园林有大园包小园，风景有大湖包小湖，西湖三潭印月为后者佳例。明人钟伯敬所撰《梅花墅记》："园于水，水之上下左右，高者为台，深者为室，虚者为亭，曲者为廊，横者为渡，竖者为石，动植者为花鸟，往来者为游人，无非园者。然则人何必各有其园也，身处园中，不知其为园。园之中，各有园，而后知其为园，此人情也。"造园之学，有通哲理，可参证。

园外之景与园内之景，对比成趣，互相呼应，相地之妙，技见于斯。钟伯敬《梅花墅记》又云："大要三吴之水，至甫里（甪直）始畅，墅外数武反不见水，水反在户以内。盖别为暗窦，引水入园，开扉坦步，过杞菊斋……登阁所见，不尽为水。然亭之所跨，廊之所往，桥之所踞，石所卧立，垂杨修竹之所冒荫，则皆水也。……从阁上缀目新眺，见廊周于水，墙周于廊，又若有阁。亭亭处墙外者，林木荇藻，竟川含绿，染人衣裙，如可承揽，然不可即至也。……又穿小酉洞，憩招爽亭，苔石啮波，曰锦淙滩。指修廊，中隔水外者，竹树表里之，流响交光，分风争日，往往可即，而仓卒莫定其处，姑以廊标之。"文中所述之园，以水为主，而用水有隐有显，有内有外，有

立状太湖石（[北宋]赵佶《祥龙石图》）

抑扬、曲折。而使水归我所用，则以亭阁廊等左右之，其造成水旱二层之空间变化者，唯建筑能之。故"园必隔，水必曲"。今日所存水廊，盛称拙政园西部者，而此梅花墅之水犹仿佛似之，知吴中园林渊源相承，固有所自也。

童寯老人曾谓,拙政园"薜苔蔽路,而山池天然,丹青淡剥,反觉逸趣横生"。真小颓风范,丘壑独存,此言园林苍古之境,有胜藻饰。而苏州留园华瞻,如七宝楼台拆下不成片段,故稍损易见败状。近时名胜园林,不修则已,一修便过

[明]钱穀《求志园图》及园名题字

了头。苏州拙政园水池驳岸，本土石相错，如今无寸土可见，宛若满口金牙。无锡寄畅园八音涧失调，顿逊前观，可不慎乎？可不慎乎？

景之显在于"勾勒"。最近应常州之约，共商红梅阁园之布局。我认为园既名"红梅阁"，当以红梅出之，奈数顷之地遍植红梅，名为梅圃可矣，称园林则不当，且非朝夕所能得之者。我建议园贯以廊，廊外参差植梅，疏影横斜，人行其间，暗香随衣，不以红梅名园，而游者自得梅矣。其景物之妙，在于以廊"勾勒"，处处成图，所谓少可以胜多，小可以见大。

园林密易疏难，绮丽易雅淡难，疏而不失旷，雅淡不流寒酸。拙政园中部两者兼而得之，宜乎自明迄今，誉满江南，但今日修园林未明此理。

古人构园成必题名，皆有托意，非泛泛为之者。清初杨兆鲁营常州近园，其记云："自抱疴归来，于注经堂后买废地六七亩，经营相度，历五年于兹，近似乎园，故题曰近园。"知园名之所自，谦抑称之。忆前年于马鞍山市雨山湖公园，见一亭甚劣，尚无名。属我命之，我题为"暂亭"，意在不言中，而人自得之。其与"大观园""万柳堂"之类者，适反笔出之。

苏州园林，古典剧之舞台装饰，颇受其影响，但实物与布景不能相提并论。今则见园林建筑又仿舞台装饰者，玲珑剔透，轻巧可举，活像上海城隍庙之"巧玲珑"（纸扎物）。又如画之临摹本，搔首弄姿，无异东施效颦。

漏窗在园林中起"泄景""引景"作用，大园景可泄，小园景则宜引不宜泄。拙政园"海棠春坞"，庭院也，其漏窗能引大园之景。反之，苏州怡园不大，园门旁开两大漏窗，顿成败笔，形既不称，景终外暴，无含蓄之美矣。拙政园新建大门，庙堂气太甚，颇近祠宇，其于园林不得体者有若此。同为违反园林设计之原则，如于风景区及名胜古迹之旁，新建建筑往往喧宾夺主，其例甚多。谦虚为美德，尚望甘当配角，博得大家的好评。

"池馆已随人意改，遗篇犹逐水东流，漫盈清泪上高楼。"这是我前几年重到扬州，看到园林被破坏的情景，并怀念已故的梁思成、刘敦桢二前辈而写的几句词句，当时是有感触的。今续为说园，亦有所感而发，但心境各异。

说园（三）

余既为《说园》《续说园》,然情之所钟,终难自已,晴窗展纸,再抒鄙见,芜驳之辞,存商求正,以《说园(三)》名之。

晋陶潜(渊明)《桃花源记》:"中无杂树,芳草鲜美。"此亦风景区花树栽植之卓见,匠心独具。与"采菊东篱下,悠然见南山"句,同为千古绝唱,前者说明桃花宜群植远观,绿茵衬繁花,其景自出。而后者暗示"借景"。虽不言造园,而理自存。

看山如玩册页,游山如展手卷,一在景之突出,一在景之连续。所谓静动不同,情趣因异,要之必有我存在,所谓"我见青山多妩媚,料青山见我应如是"。何以得之?有赖于题咏,故画不加题显俗,景无摩崖(或匾对)难明,文与艺未能分割也。"云无心以出岫,鸟倦飞而知还。"景

[清]石涛《陶渊明诗意图之悠然见南山》

之外兼及动态声响。余小游扬州瘦西湖,舍舟登岸,止于小金山"月观",信动观以赏月,赖静观以小休,兰香竹影,鸟语桨声,而一抹夕阳斜照窗棂,香、影、光、声相交织,静中见动,动中寓静,极辩证之理于造园览景之中。

园林造景,有有意得之者,亦有无意得之者,尤以私家小园，地甚局促，往往于无可奈何之处，而以无可奈何之笔化险为夷，终挽全局。苏州留园之"华步小筑"一角，用砖砌地穴门洞，分隔成狭长小径，得"庭院深深深几许"之趣。

今不能证古，洋不能证中，古今中外自成体系，绝不容借尸还魂，不明当时建筑之功能与设计者之主导思想，以今人之见强与古人相合，谬矣。试观苏州网师园之东墙下，备仆从出入留此便道，如住宅之设"避弄"。与其对面之径山游廊，具极明显之对比，所谓"径莫便于捷，而又莫妙于迂"可证。因此，评园必究园史，更须熟悉当时之生活，方言之成理。园有一定之观赏路线，正如文章之有起承转合，手卷之有引首、卷本、拖尾，有其不可颠倒之整体性。今苏州拙政园入口处为东部边门，网师园入口处为北部后门，大悖常理。记得《义山杂纂》列人间煞风景事有："松下喝道，看花泪下，苔上铺席，斫却垂杨，花下晒裈，游春重载，石笋系马，月下把火，妓筵说俗事，果园种菜，背山起楼，花架下养鸡鸭"，等等。今余为之增补一条曰："开后门以延游客。"质诸园林管理者以为如何？至于苏州以沧浪亭、狮子林、拙政园、留园号称"宋元明清四大名园"。留园与拙政园同建于明而同重修于清者，何分列于两代，此又令人不解者。余谓以静观者为主之网师园，动观为主之拙政园，苍古之沧浪亭，华瞻之留园，合称苏州四大名园，则予游者以易领会园林特征也。

造园如缀文，千变万化，不究全文气势立意，而仅务词汇叠砌者，能有佳构乎？文贵乎气，气有阳刚阴柔之分，行文如此，造园又何独不然？割裂分散，不成文理，借一亭一榭以斗胜，正今日所乐道之园林小品也。盖不通乎我国文化之特征，难于言造园之气息也。

南方建筑为棚，多敞口。北方建筑为窝，多封闭。前者原出巢居，后者来自穴处，故以敞口之建筑，配茂林修竹之景，园林之始，于此萌芽。

园林以空灵为主，建筑亦起同样作用，故北国园林终逊南中。盖建筑以多门窗为胜，以封闭出之，少透漏之妙。而居人之室，更须有亲切之感，"众鸟欣有托，吾亦爱吾庐"正咏此也。

小园若斗室之悬一二名画，宜静观。大园则如美术展览会之集大成，宜动观。故前者必含蓄耐人寻味，而后者设无吸引人之重点，必平淡无奇。园之功能因时代而变，造景亦有所异，名称亦随之不同，故以小公园、大公园（公园之公，系对私园而言）名之。解放前则可，今似多商榷，我曾建议是否皆须冠公字。今南通易狼山公园为北麓园，苏州易城东公园为东园，开封易汴京公园为汴园，似得风气之先。至于市园、郊园、平地园、山麓园，各具环境地势之特征，亦不能以等同之法设计之。

整修前人园林，每多不明立意。余谓对旧园有"复园"与"改园"二议。设若名园，必细征文献图集，使之复原，否则以己意为之，等于改园。正如装裱古画，其缺笔处，必以原画之笔法与设色续之，以成全璧。如用戈裕良之叠山法弥明人之假山，与以四王之笔法接石涛之山水，顿异旧观，真愧对古人，有损文物矣。若一般园林，颓败已极，残山剩水，犹可资用，以今人之意修改，亦无不可，姑名之曰"改园"。

我国盆栽之产生，与建筑具有密切之关系，古代住宅以院落天井组合而成，周以楼廊或墙垣，空间狭小，阳光较少，故吴下人家每以寸石尺树布置小景，点缀其间，往往见天不见日，或初阳煦照，一瞬即过，要皆能适植物之性，保持一定之温度与阳光，物赖以生，景供人观。东坡

文人雅室和屏风上挂的主人半身肖像
［南宋］佚名《无款人物图》

诗所谓："微雨止还作，小窗幽更妍。盆山不见日，草木自苍然。"最能得此神理。盖生活所需之必然产物，亦穷则思变，变则能通，所谓"适者生存"。今以开畅大园，置数以百计之盆栽，或置盈丈之乔木于巨盆中，此之谓大而无当。而风大日烈，蒸发过大，难保存活，亦未深究盆景之道而盲为也。

华丽之园难简，雅淡之园难深。简以救俗，深以补淡，笔简意浓，画少气壮。如晏殊诗："梨花院落溶溶月，柳絮池塘淡淡风。"艳而不俗，淡而有味，是为上品。皇家园林，过于繁缛，私家园林，往往寒俭，物质条件所限也。无过无不及，得乎其中。须割爱者能忍痛，须补添者无吝色。即下笔千钧，反复推敲。闺秀之画能脱脂粉气，释道之画能脱蔬笋气，少见者。刚以柔出，柔以刚现。扮书生而无穷酸相，演将帅而具台阁气，皆难能也。造园之理，与一切艺术无不息息相通。故余曾谓明代之园林，与当时之文学、艺术、戏曲同一思想感情，而以不同形式出现之。

能品园，方能造园，眼高手随之而高，未有不辨乎味能为著食谱者。故造园一端，主其事者，学养之功，必超乎实际工作者。计成云："三分匠、七分主人。"言主其事者之重要，非污蔑工人之谓。今以此而批判计氏，实尚未读通计氏《园冶》也。讨论学术，扣以政治帽子，此风当不致再长矣。

假假真真，真真假假。《红楼梦》大观园假中有真，真中有假，是虚构，亦有作者曾见之实物。是实物，又有参与作者之虚构。其所以迷惑读者正在此。故假山如真方妙，真山似假便奇，真人如造像，造像似真人，其捉弄人者又在此。造园之道，要在能"悟"，有终身事其业，而不解斯理者正多。甚矣！造园之难哉。园中立峰，亦存假中寓真之理，在品题欣赏上以感情悟物，且进而达人格化。

文学艺术作品言意境，造园亦言意境。王国维《人间词话》所谓境界也。对象不同，表达之方法亦异，故诗有诗境，词有词境，曲有曲境。"曲径通幽处，禅房花木深。"诗境也。"梦后楼台高锁，酒醒帘幕低垂。"词境也。"枯藤老树昏鸦，小桥流水人家。"曲境也。意境因情景不同而异，其与园林所现意境亦然。园林之诗情画意，即诗与画之境界在实际景物中出现之，统名之曰意境。"景露则境界小，景隐则境界大。""引水多随势，栽松不趁行。""亭台到处皆临水，屋宇虽多不碍山。""几个楼台游不尽，一条流水乱相缠。"此虽古人咏景说画之词，造园之法适同，能为此，则意境自出。

园林叠山理水，不能分割言之，亦不可以定式论之，山与水相辅相成，变化万方。山无泉而若有，水无石而意存，自然高下，山水仿佛其中。昔苏州铁瓶巷顾宅艮庵前一区，得此消息。江南园林叠山，每以粉墙衬托，盖觉山石紧凑峥嵘，此粉墙画本也。若墙不存，则如一丘乱石，故今日以大园叠山，未见佳构者正在此。画中之笔墨，

淡雅之园（[清]罗聘《篠园饮酒图》）

即造园之水石，有骨有肉，方称上品。石涛（道济）画之所以冠世，在于有骨有肉，笔墨俱备。板桥（郑燮）学石涛，有骨而无肉，重笔而少墨。盖板桥以书家作画，正如工程家构园，终少韵味。

建筑物在风景区或园林之布置，皆因地制宜，但主体建筑始终维持其南北东西平直方向。斯理甚简，而学者未明者正多。镇江金山、焦山、北固山三处之寺，布局各殊，风格终异。金山以寺包山，立体交通。焦山以山包寺，院落区分。北固山以寺镇山，雄踞其巅。故同临长江，取景亦各览其胜。金山宜远眺，焦山在平览，而北固山在俯瞰。皆能对观上着眼，于建筑物布置上用力，各臻其美，学见乎斯。

山不在高，贵有层次；水不在深，妙于曲折。峰岭之胜，在于深秀。江南常熟虞山，无锡惠山，苏州上方山，镇江南郊诸山，皆多此特征。泰山之能为五岳之首者，就山水而言，以其有山有水。

黄山非不美，终鲜巨瀑，设无烟云之出没，此山亦未能有今日之盛名。

风景区之路，宜曲不宜直，小径多于主道，则景幽而客散，使有景可寻、可游，有泉可听，有石可留，吟想其间，所谓："入山唯恐不深，入林唯恐不密。"山须登，可小立顾盼，故古时皆用磴道，亦符人类两足直立之本意，今易以斜坡，行路自危，与登之理相背。更以筑公路之法而修游山道，致使丘壑破坏，漫山扬尘，而游者集于道与飙轮争途，拥挤可知，难言山展之雅兴。西湖烟霞洞本由小径登山，今汽车达巅，其情无异平地之灵隐飞来峰前，真是"豁然开朗"，拍手叫好，从何处话烟霞耶？闻西湖诸山拟一日之汽车游程可毕，如是西湖将越来越小。此与风景区延长游览线之主旨相背，似欠明智。游兴、赶程，含义不同，游览宜缓，赶程宜速，今则适正倒置。孤立之山筑登山盘旋道，难见佳境，极易似毒蛇之绕颈，将整个之山数段分割，无耸翠之姿，高

镇江金、焦二山之景与长江万顷波光（[明]文徵明《金焦落照图》）

峻之态。证以西湖玉皇山与福州鼓山二道，可见轩轾。后者因山势重叠，故可掩拙。名山筑路千万慎重，如经破坏，景物一去不复返矣。千古功罪，待人评定。至于入山旧道，切宜保存，缓步登临，自有游客。泉者，山眼也。今若干著名风景地，泉眼已破，终难再活。趵突无声，九溪渐涸，此事非可等闲视之。开山断脉，打井汲泉，工程建设未与风景规划相配合，元气大伤，徒唤奈何。楼者，透也。园林造楼必空透。"画栋朝飞南浦云，珠帘暮卷西山雨。"境界可见。松者，松也。枝不能多，叶不能密，方见姿态。而刚柔互用，方见效果。杨柳必存老干，竹木必露嫩梢，皆反笔出之。今西湖白堤之柳，尽易新苗，老树无一存者，顿失前观。"全部肃清，彻底换班。"岂可用于治园耶？

风景区多茶室，必多厕所，后者实难处理，宜隐蔽之。今厕所皆饰以漏窗，宛若"园林小品"。余曾戏为打油诗："我为漏窗频叫屈，而今花样上茅房。"（我1953年刊《漏窗》一书，其罪在我。）漏窗功能泄景，厕所有何景可泄？曾见某处新建厕所，漏窗盈壁，其左刻石为"香泉"；其右刻石为"龙飞凤舞"，见者失笑。鄙意游览大风景区，宜设茶室，以解游人之渴。至于范围小之游览区，若西湖西泠印社、苏州网师园似可不必设置茶室，占用楼堂空间。而大型园林茶室有如宾馆餐厅，亦未见有佳构者，主次未分，本末倒置。如今风景区以园林倾向商店化，似乎游人游览就是采购物品，宜乎古刹成庙会，名园皆市肆，则"东篱为市井，有辱黄花矣"。园林局将成为商业局，此名之曰："不务正业。"

浙中叠山重技而少艺，以洞见长，山类皆孤立，其佳者有杭州元宝街胡宅，学官巷吴宅，孤山文澜阁等处，皆尚能以水佐之。降及晚近，以平地叠山，中置一洞，上覆一平台，极简陋。此皆浙之东阳匠师所为。彼等非专攻叠山，原为水作之工，杭人称为阴沟匠者，鱼目混珠，以讹不识者。后因"洞多不吉"，遂易为小山花台，此入民国后之状也。从前叠山，有苏帮、宁（南京）帮、扬帮、金华帮、上海帮（后出，为宁、苏之混合体）。而南宋以后著名叠山师，则来自吴兴、苏州。吴兴称山匠，苏州称花园子，浙中又称假山师或叠山师，扬州称石匠，上海（旧松江府）称山师，名称不一。云间（松江）名手张涟、张然父子，人称张石匠，名动公卿间，张涟父子流寓京师，其后人承其业，即山子张也。要之，太湖流域所叠山，自成体系，而宁、扬又自一格，所谓苏北系统，其与浙东匠师皆各立门户，但总有高下之分。其下者就石论石，心存叠字，遑论相石选石，更不谈石之纹理，专攻五日一洞，十日一山，摹拟真状，以大缩小，实假戏真做，有类儿戏矣。故云，叠山者，艺术也。

鉴定假山，何者为原构？何者为重修？应注意留心山之脚、洞之底，因低处不易毁坏，如一经重叠，新旧判然。再细审灰缝，详审石理，必渐能分晓，盖石缝有新旧，胶合品成分亦各异，石之包浆，斧凿痕迹，在在可佐证也。苏州留园，清嘉庆间刘氏重补者，以湖石接黄石，更判然明矣。而旧假山类多山石紧凑相挤，重在垫塞，功在平衡，一经拆动，涣然难收陈局。佳作必拼合自然，曲具画理，缩地有法，观其局部，复察全局，反复推敲，结论遂出。

近人但言上海豫园之盛，却未言明代潘氏宅之情况，宅与园仅隔一巷耳。潘宅在今园东安仁街梧桐路一带，旧时称安仁里。据叶梦珠《阅世编》所记："建第规模甲于海上，面照雕墙，宏开峻宇，重轩复道，几于朱邸，后楼悉以楠木为之，楼上皆施砖砌，登楼与平地无异。涂金染彩，丹垩雕刻，极工作之巧。"以此建筑结构，证豫园当日之规模，甚相称也。惜今已荡然无存。

清初画家恽寿平（南田）《瓯香馆集》卷十二："壬戌八月，客吴门拙政园，秋雨长林，致有爽气。独坐南轩，望隔岸横冈、叠石崚嶒，下临清池，涧路盘纡，上多高槐、柽、柳、桧、柏，虬枝挺然，迥出林表。绕堤皆芙蓉，红翠相间，俯视澄明，游鳞可数，使人悠然有濠濮闲趣。自南轩过艳雪亭，渡红桥而北，傍横冈，循涧道，山麓尽处有堤通小阜，林木翳如，池上为湛华楼，与隔水回廊相望，此一园最胜地也。"壬戌为清康熙二十一年（1682年），南田五十岁时（生于明崇祯六年癸酉即1633年，死于清康熙二十九年庚午即1690年）所记，如此翔实。南轩为倚玉轩，艳雪亭似为荷风四面亭，红桥即曲桥。湛华楼以地位观之，即见山楼所在。隔水回廊，与柳阴路曲一带出入亦不大。以画人之笔，记名园之景，修复者能悟此境界，固属高手，但"此歌能有几人知"，徒唤奈何。保园不易，修园更难。不修则已，一修惊人。余再重申研究园史之重要，以为此篇殿焉。曩岁叶恭绰先生赠余一联："洛阳名园（记），扬州画舫（录）；武林遗事，日下旧闻（考）。"以四部园林古迹之书目相勉，则余今之所作，岂徒然哉。

说园（四）

一年漫游，触景殊多，情随事迁，遂有所感，试以管见论之，见仁见智，各取所需。书生谈兵，容无补于事实，存商而已。因续前三篇，故以《说园（四）》名之。

造园之学，主其事者须自出己见，以坚定之立意，出宛转之构思，成者誉之，败者贬之。无我之园，即无生命之园。

水为陆之眼，陆多之地要保水；水多之区要疏水。因水成景，复利用水以改善环境与气候。江村湖泽，荷塘菱沼，蟹簖渔庄，水上产物，不减良田，既增收入，又可点景。王士祯诗云："江干多是钓人居，柳陌菱塘一带疏。好是日斜风定后，半江红树卖鲈鱼。"神韵天然，最是依人。

旧时城垣，垂杨夹道，杜若连汀，雉堞参差，

[清]恽寿平《花卉画册之清桂花》

隐约在望，建筑之美与天然之美交响成曲。王士禛诗云："绿杨城郭是扬州。"今已拆，此景不可再得矣。故城市特征，首在山川地貌，而花木特色实占一地风光。成都之为蓉城，福州之为榕城，皆予游者以深刻之印象。

恽寿平论画："青绿重色，为浓厚易，为浅淡难。为浅淡易，而愈见浓厚为尤难。"造园之道，正亦如斯。所谓实处求虚，虚中得实，淡而不薄，厚而不滞，存天趣也。今经营风景区园事者，破坏真山，乱堆假山，堵却清流，易置喷泉，抛却天然而善作伪，大好泉石，随意改观，如无喷泉未是名园者。明末钱澄之记黄檗山居（在桐城之龙眠山），论及："吴中人好堆假山以相夸诩，而笑吾乡园亭之陋。予应之曰：'吾乡有真山水，何以假为？'唯任真，故失诸陋，洵不若吴人之工于作伪耳。"又论此园："彼此位置，各不相师，而各臻其妙，则有真山水为之质耳。"此论妙在拈出一个"质"字。

山林之美，贵于自然，自然者，存真而已。建筑物起"点景"作用，其与园林似有所别，所谓锦上添花，花终不能压锦也。宾馆之作，在于栖息小休，宜着眼于周围有幽静之境，能信步盘桓，游目骋怀，故室内外空间并互相呼应，以资流通，晨餐朝晖，夕枕落霞，坐卧其间，小中可以见大。反之，高楼镇山，汽车环居，喇叭彻耳，好鸟惊飞。俯视下界，豆人寸屋，大中见小，渺不足观，以城市之建筑，夺山林之野趣，徒令景色受损，游者扫兴而已。丘壑平如砥，高楼塞天地，此几成为目前旅游风景区所习见者。闻更有欲消灭山间民居之举，诚不知民居为风景区之组成部分，点缀其间，楚楚可人，古代山水画中每多见之。余客瑞士，日内瓦山间民居，窗明几净，予游客以难忘之情。余意以为风景区之建筑，宜隐不宜显，宜散不宜聚，宜低不宜高，宜麓（山麓）不宜顶（山顶），须变化多，朴素中有情趣，要随宜安排，巧于因借，存民居之风格，则小院曲户，粉墙花影，自多情趣。游者生活其间，可以独处，可以留客，"城市山林"，两得其宜。明末张岱在《陶庵梦忆》中记范长白园（苏州天平山之高义园）云："园外有长堤，桃柳曲桥，蟠屈湖面，桥尽抵园，园门故作低小，进门则长廊复壁，直达山麓，其缯楼幔阁、秘室曲房，故故匿之，不使人见也。"又毛大可《胜朝彤史拾遗记》记崇祯所宠之贵妃，扬州人，"尝厌宫闱过高迥，崇杠大槅，所居不适意，乃就廊房为低槛曲楯，蔽以敞槅，杂采扬州诸什器、床簟供设其中"。以证余创山居宾舍之议不谬。

园林与建筑之空间，隔则深，畅则浅，斯理甚明，故假山、廊、桥、花墙、屏、幕、槅扇、书架、博古架等，皆起隔之作用。旧时卧室用帐、碧纱橱，亦同样效果。日本居住之室小，席地而卧，以纸槅小屏分之，皆属此理。今西湖宾馆、餐厅，往往高大如宫殿，近建孤山楼外楼，体量且超颐和园之排云殿，不如易名太和楼则更名副其实矣。太和殿尚有屏隔之，有柱分之，而今日之大餐厅几等体育馆。风景区往往因建造一大宴会厅，开石劈山，有如兴建营房，真劳民伤财，遑论风景之存不存矣。旧时园林，有东西花厅之设，未闻有大花厅之举。大宾馆、大餐厅、大壁画、大盆景、大花瓶，以大为尚，真是如是如是，善哉善哉。

不到苏州，一年有奇，名园胜迹，时萦梦寐。近得友人王西野先生来信，谓："虎丘东麓就东山庙遗址，正在营建盆景园，规模之大，无与伦比。按东山庙为王珣祠堂，亦称短簿祠，因珣身材短小，曾为主簿，后人戏称'短簿'。清汪琬诗：'家临绿水长洲苑，人在青山短簿祠。'陈鹏年诗：'春风再扫生公石，落照仍衔短簿祠。'怀古情深，写景入画，传诵于世。今堆叠黄石大假山一座，天然景色，破坏无余。盖虎丘一小阜耳，能与天下名山争胜，以其寺里藏山，小中见大，剑池石壁，浅中见深，历代名流题咏殆遍，为之增色。今在真山面前堆假山，小题大做，弄巧成拙，足下见之，亦当扼腕太息，徒呼负负也。"此说与鄙见合，恐主其事者，不征文献，不谙古迹与名胜之史实，并有一"大"字在脑中作怪也。

风景区之经营，不仅安排景色宜人，而气候亦须宜人。今则往往重景观，而忽视局部小气候之保持，景成而气候变矣。七月间到西湖，园林局邀游金沙港，初夏傍晚，余热未消，信步入林，溽暑无存，水佩风来，几入仙境；而流水淙淙，绿竹猗猗，隔湖南山如黛，烟波出没，浅淡如水墨轻描，正有"独笑熏风更多事，强教西子舞霓裳"之概。我本湖上人家，却从未享此清福。若能保持此与外界气候不同之清凉世界，即该景区规划设计之立意所在，一旦破坏，虽五步一楼，十步一阁，亦属虚设，盖悖造园之理也。金沙港应属水泽园，故建筑、桥梁等均宜贴水，依水，映带左右，而茂林修竹，清风自引，气候凉爽，绿云摇曳，荷香轻溢，野趣横生。"黄茅亭子小楼台，料理溪山煞费才。"能配以凉馆竹阁，益显西子淡妆之美，保此湖上消夏一地，他日待我杖履其境，从容可作小休。

吴江同里镇，江南水乡之著者，镇环四流，户户相望，家家临河，因水成街，因水成市，因水成园。任氏退思园于江南园林中独辟蹊径，具贴水园之特例。山、亭、馆、廊、轩、榭等皆紧贴水面，园如浮水上。其与苏州网师园诸景依水而筑者，予人以不同景观，前者贴水，后者依水。所谓依水者，因假山与建筑物等皆环水而筑，唯与水之关系尚有高下远近之别，遂成贴水园与依水园两种格局。皆因水制宜，其巧妙构思则又有

山阴兰亭与曲水（[明]仇英《修禊图》[局部]）

所别，设计运思，于此可得消息。余谓大园宜依水，小园重贴水，而最关键者则在水位之高低。我国园林用水，以静止为主，清许周生筑园杭州，名"鉴止水斋"，命意在此，源出我国哲学思想，体现静以悟动之辩证观点。

水曲因岸，水隔因堤，移花得蝶，买石绕云，因势利导，自成佳趣。山容水色，善在经营，中小城市有山水能凭借者，能做到有山皆是园，无水不成景，城因景异，方是妙构。

济南珍珠泉，天下名泉也。水清浮珠，澄澈晶莹。余曾于朝曦中饮露观泉，爽气沁人，境界明静，奈何重临其地，已异前观，黄石大山，狰狞骇人，高楼环压，其势逼人，杜甫咏《望岳》"会当凌绝顶，一览众山小"之句，不意于此得之。山小楼大，山低楼高，溪小桥大，溪浅桥高。汽车行于山侧，飞轮扬尘，如此大观，真可说是不古不今、不中不西、不伦不类。造园之道，可不慎乎？

反之，潍坊十笏园，园甚小，故以十笏名之。清水一池，山廊围之，轩榭浮波，极轻灵有致。触景成咏："老去江湖兴未阑，园林佳处说般般。亭台虽小情无限，别有缠绵水石间。"北国小园，能饶水石之胜者，以此为最。

南京燕子矶（[清]樊圻《金陵五景图卷之燕矶晓望》）

泰山有十八盘，盘盘有景，景随人移，气象万千，至南天门，群山俯于脚下，齐鲁青青，千里未了，壮观也。自古帝王，登山封禅，翠华临幸，高山仰止。如易缆车，匆匆而来，匆匆而去，景游与货运无异。而破坏山景，固不待言，实不解登十八盘参玉皇顶而小天下宏旨。余尝谓旅与游之关系，旅须速，游宜缓，相背行事，有负名山。缆车非不可用，宜于旅，不宜于游也。

名山之麓，不可以环楼、建厂，盖断山之余脉矣。此种恶例，在在可见。新游南京燕子矶、栖霞寺，人不到景点，不知前有景区，序幕之曲，遂成绝响，主角独唱，鸦噪聒耳。所览之景，未允环顾。燕子矶仅临水一面尚可观外，余则黑云滚滚，势袭长江。坐石矶戏为打油诗："燕子燕子，何不高飞，久栖于斯，坐以待毙。"旧时胜地，不可不来，亦不可再来。山麓既不允建高楼工厂，而低平建筑却不能缺少，点缀其间，景深自幽，层次增多，亦远山无脚之处理手法。

近年风景名胜之区，与工业矿藏矛盾日益尖锐。取蛋杀鸡之事，屡见不鲜，如南京正在开幕府山矿石，取栖霞山之银矿。以有烟工厂而破坏无烟工厂，以取之可尽之资源，而竭取之不尽之资源，最后两败俱伤，同归于尽。应从长远观点来看，权衡轻重，深望主其事者切莫等闲视之。

古迹之处应以古为主，不协调之建筑万不能移入。杭州北高峰与南京鼓楼之电视塔，真是触目惊心。在此等问题上，应明确风景区应以风景为主，名胜古迹应以名胜古迹为主，其他一切不能强加其上。否则，大好河山、祖国文化，将损毁殆尽矣。

唐代白居易守杭州，浚西湖筑白沙堤，未闻其围垦造田。宋代苏轼因之，清代阮元继武前贤，千百年来，人颂其德，建苏白二公祠于孤山之阳。郁达夫有"堤柳而今尚姓苏"之句美之。城市兴衰，善择其要而谋之，西湖为杭州之命脉，西湖失即杭州衰。今日定杭州为旅游风景城市，即基于此。至于城市面貌亦不能孤立处理，务使山水生妍，相映增色。沿钱塘江诸山，应加以修整，襟江带湖，实为杭州最胜处。

古迹之区，树木栽植，亦必心存"古"字，南京清凉山，门额颜曰："六朝胜迹。"入其内，雪松夹道，岂六朝时即植此树耶？古迹新装，洋为中用，解我朵颐。古迹之修复，非仅建筑一端

巨山大川中的神气（[南北朝]陆探微《南朝宋五岳图之华山》）

而已，其环境气氛，陈设之得体，在在有史可据。否则何言古迹？言名胜足矣。"无情最是台城柳，依旧烟笼十里堤。"此意谁知？近人常以个人之喜爱，强加于古人之上。蒲松龄故居，藻饰有如地主庄园，此老如在，将不认其书生陋室。今已逐渐改观，初复原状，诚佳事也。

园林不在乎饰新，而在于保养；树木不在乎

添种，而在于修整。山必古，水必活，草木华滋，好鸟时鸣，四时之景，无不可爱。园林设市肆，非其所宜，主次务必分明。园林建筑必功能与形式相结合，古时造园，一亭一榭，几曲回廊，皆据实际需要出发，不多筑，不虚构，如作诗行文，无废词赘句。学问之道，息息相通。今之园思考欠周，亦如文之推敲不够。园所以兴游，文所以达意。故余谓绝句难吟，小园难筑，其理一也。

王时敏《乐郊园分业记》："……适云间张南垣至，其巧艺直夺天工，怂恿为山甚力……因而穿池种树，标峰置岭，庚申（明太昌元年，1620年）经始，中间改作者再四，凡数年而后成，磴道盘纡，广池潋滟，周遮竹树蓊郁，浑若天成，而凉台邃阁，位置随宜，卉木轩窗，参错掩映，颇极林壑台榭之美。"以张南垣（涟）之高技，其营园改作者再四，益证造园施工之重要，间亦必需要之翻工修改，必须留有余地。凡观名园，先论神气，再辨时代，此与鉴定古物，其法一也。然园林未有不经修者，故首观全局，次审局部，不论神气，单求枝节，谓之舍本求末，难得定论。

巨山大川，古迹名园，首在神气。五岳之所以为天下名山，亦在于"神气"之旺。今规划风景，不解"神气"，必至庸俗低级，有污山灵。尝见江浙诸洞，每以自然抽象之山石，改成恶俗之形象，故余屡称"还我自然"。此仅一端，人或尚能解之者；它若大起华厦，畅开公路，空悬索道，高竖电塔，凡兹种种，山水神气之劲敌也，务必审慎，偶一不当，千古之罪人矣。

园林因地方不同，气候不同，而特征亦不同。园林有其个性，更有其地方性，故产生园林风格，亦因之而异。即使同一地区，亦有市园、郊园、平地园、山麓园等之别。园与园之间，亦不能强求一律，而各地文化艺术、风土人情、树木品异、山水特征，等等，皆能使园变化万千，如何运用，各臻其妙者，在于设计者之运思。故言造园之学，其识不可不广，其思不可不深。

恽寿平论画云："潇洒风流谓之韵，尽变奇穷谓之趣。"不独画然，造园置景，亦可互参。今之造园，点景贪多，便少韵致；布局贪大，便少佳趣。韵乃自书卷中得来，趣必从个性表现。一年游踪所及，评量得失，如此而已。

说园(五)

《说园》首篇余既阐造园动观静观之说，意犹未尽，续畅论之。动静二字，本相对而言，有动必有静，有静必有动，然而在园林景观中，静寓动中，动由静出，其变化之多、造景之妙，层出不穷，所谓通其变，遂成天下之文。若静坐亭中，行云流水，鸟飞花落，皆动也。舟游人行，而山石树木，则又静止者。止水静，游鱼动，静动交织，自成佳趣。故以静观动，以动观静，则景出。"万物静观皆自得，四时佳景与人同。"事物之变，概乎其中。若园林无水、无云、无影、无声、无朝晖、无夕阳，则无以言天趣。虚者，实所倚也。

静之物，动亦存焉。坐对石峰，透漏俱备，而皴法之明快，线条之飞俊，虽静犹动。水面似静，涟漪自动。画面似静，动态自现。静之物若无生意，

即无动态。故动观静观，实造园产生效果之最关键处，明乎此，则景观之理得初解矣。

质感存真，色感呈伪，园林得真趣，质感居首，建筑之佳者，亦有斯理，真则存神，假则失之。园林失真，有如布景。书画失真，则同印刷。故画栋雕梁，徒炫眼目。竹篱茅舍，引人遐思。《红楼梦》"大观园试才题对额"一回，曹雪芹借宝玉之口，评稻香村之作伪云："此处置一田庄，分明是人力造作而成。远无邻村，近不负郭，背山山无脉，临水水无源，高无隐寺之塔，下无通市之桥，峭然孤出，似非大观，那及先处（指潇湘馆）有

坐对石峰，观动与静（[南宋]马远《御题马远画册之四》）

自然之理，得自然之趣呢？虽种竹引泉，亦不伤穿凿。古人云'天然图画'四字，正恐非其地而强为其地，非其山而强为其山，即百般精巧，终

［明］仇英《桃花源图》（局部）

非相宜。"所谓"人力造作"，所谓"穿凿"者，伪也。所谓"有自然之理，得自然之趣"者，真也。借小说以说园，可抵一篇造园论也。

郭熙谓："水以石为面。""水得山而媚。"自来模山范水，未有孤立言之者。其得山水之理，会心乎此，则左右逢源。要之此二语，表面观之似水石相对，实则水必赖石以变。无石则水无形、无态，故浅水露矶，深水列岛。广东肇庆七星岩，岩奇而水美，矶濑隐现波面，而水洞幽深，水湾曲折，水之变化无穷，若无水，则岩不显，岸无形。故两者决不能分割而论，分则悖自然之理，亦失真矣。

一园之特征，山水相依，凿池引水，尤为重要。苏南之园，其池多曲，其境柔和。宁绍之园，其池多方，其景平直。故水本无形，因岸成之，平直也好，曲折也好，水口堤岸皆构成水面形态之重要手法。至于水柔水刚，水止水流，亦皆受堤岸以左右之。石清得阴柔之妙，石顽得阳刚之健，浑朴之石，其状在拙；奇突之峰，其态在变，而丑石在诸品中尤为难得，以其更富于个性，丑中寓美也。石固有刚柔美丑之别，而水亦有奔放宛转之致，是皆因石而起变化。

荒园非不可游，残篇非不可读，须知佳者虽零锦碎玉亦是珍品，犹能予人留恋，存其珍耳。龚自珍诗云："未济终焉心缥缈，百事翻从缺陷好。吟道夕阳山外山，古今谁免余情绕。"造园亦必通此消息。

"春见山容，夏见山气，秋见山情，冬见山骨。""夜山低，晴山近，晓山高。"前人之论，实寓情观景，以见四时之变。造景自难，观景不易。"泪眼问花花不语。"痴也。"解释春风无限恨。"怨也。故游必有情，然后有兴，钟情山水，知己泉石，其审美与感受之深浅，实与文化修养有关。故我重申：不能品园，不能游园。不能游园，不能造园。

造园综合性科学、艺术也，且包含哲理，观万变于其中。浅言之，以无形之诗情画意，构有形之水石亭台，晦明风雨，又皆能促使其景物变化无穷，而南北地理之殊，风土人情之异，更加因素增多。且人游其间，功能各取所需，绝不能从幻想代替真实，故造园脱离功能，固无佳构；究古园而不

[唐]李思训《九成避暑图》

明当时社会及生活,妄加分析,正如汉儒释经,转多穿凿。因此,古今之园,必不能陈陈相因,而丰富之生活,渊博之知识,要皆有助于斯。

一景之美,画家可以不同笔法表现之,文学家可以不同角度描写之。演员运腔,各抒其妙,

柔和的江南园林（[明]董其昌《仿古山水册》之一）

哪宗哪派，自存面貌。故同一园林，可以不同手法设计之，皆由观察之深，提炼之精，特征方出。余初不解宋人大青绿山水以朱砂作底，色赤，上敷青绿，迨游中原嵩山，时值盛夏，土色皆红，所被草木尽深绿色，而楼阁参差，金碧辉映，正大小李将军之山水也。其色调皆重厚，色度亦相当，绚烂夺目，中原山川之神乃出。而江南淡青绿山水，每以赭石及草青打底，轻抹石青石绿，建筑勾勒间架，衬以淡赭，清新悦目，正江南园林之粉本。故立意在先，协调从之，自来艺术手法一也。

余尝谓苏州建筑与园林，风格在于柔和，吴语所谓"糯"。扬州建筑与园林，风格则多雅健。如宋代姜夔词，以"健笔写柔情"，皆欲现怡人之园景，风格各异，存真则一。风格定始能言局部单体，宜亭斯亭，宜榭斯榭。山叠何派，水引何式，必须成竹在胸，才能因地制宜，借景有方，亦必循风格之特征，巧妙运用之。选石择花，动静观赏，均有所据，故造园必以极镇静而从容之笔，信手拈来，自多佳构。所谓以气胜之，必整体完整矣。

余闽游观山，秃峰少木，石形外露，古根盘曲，而山势山貌毕露，分明能辨何家山水，何派皴法，能于实物中悟画法，可以画法来证实物。而闽溪水险，矶濑激湍，凡此琐琐，皆叠山极好之祖本。它如皖南徽州、浙东方岩之石壁，画家皴法，方圆无能。此种山水皆以皴法之不同，予人以动静感觉之有别，古人爱石、面壁，皆参悟哲理其中。

填词有"过片（变）"（亦名"换头"），即上半阕与下半阕之间，词与意必须若接若离，其难在此。造园亦必注意"过片"，运用自如，虽千顷之园，亦气势完整，韵味隽永。曲水轻流，峰峦重叠，楼阁掩映，木仰花承，皆非孤立。其间高低起伏，闾畅逶迤，处处皆有"过片"，此过渡之笔在乎各种手法之适当运用。即如楼阁以廊为过渡，溪流以桥为过渡。色泽由绚烂而归平淡，无中间之色不见调和，画中所用补笔接气，皆为过渡之法，无过渡则气不贯、园不空灵。虚实之道，在乎过渡得法，如是，则景不尽而韵无穷，实处求虚，正曲求余音，琴听尾声，要于能察及次要，而又重于主要，配角有时能超于主角之上者。"江流天地外，山色有无中。"贵在无胜于有也。

城市必须造园，此有关人民生活，欲臻其美，妙在"借""隔"。城市非不可以借景，若北京三海，借景故宫，嵯峨城阙，杰阁崇殿，与李格非《洛阳名园记》所述："以北望则隋唐宫阙楼殿，千门万户，岩峣璀璨，延亘十余里，凡左太冲十余年极力而赋者，可瞥目而尽也。"但未闻有烟囱近园，厂房为背景者。有之，唯今日之苏州拙政园、耦园，已成此怪状，为之一叹。至若能招城外山色，远寺浮屠，亦多佳例。此一端在"借"，而另一端在"隔"。市园必隔，俗者屏之。合分本相对而言，亦相辅而成，不隔其俗，难引其雅，不掩其丑，何逞其美。造景中往往有能观一面者，有能观两面者，在乎选择得宜。上海豫园萃秀堂，乃尽端建筑，厅后为市街，然面临大假山，深隐北麓，人留其间，不知身处市嚣中，仅一墙之隔，判若仙凡，隔之妙可见。故以隔造景，效果始出。而园之有前奏，得能渐入佳境，万不可率尔从事，前述过渡之法，于此须充分利用。江南市园，无不皆存前奏。今则往往开门见山，唯恐人不知其为园林。苏州怡园新建大门，即犯此病，沧浪亭虽属半封闭之园，而园中景色，隔水可呼，缓步入园，前奏有序，信是成功。

旧园修复，首究园史，详勘现状，情况彻底清楚，对山石建筑等作出年代鉴定，特征所在，然后考虑修缮方案。如裱古画接笔须反复揣摩，其难有大于创作，必再三推敲，审慎下笔。其施工程序，当以建筑居首，木作领先，水作为辅，大木完工，方可整池、修山、立峰，而补树添花，有时须穿插行之，最后铺路修墙。油漆悬额，一园乃成，唯待家具之布置矣。

造园可以遵古为法，亦可以洋为师，两者皆不排斥。古今结合，古为今用，亦势所必然，若境界不究，风格未求，妄加抄袭拼凑，则非所取。故古今中外，造园之史，构园之术，来龙去脉，以及所形成之美学思想，历史文化条件，在在须进行探讨，然后文有据，典有征，古今中外运我笔底，则为尚矣。古人云："临画不如看画，遇古人真本，向上研求，视其定意若何……偏正若何，

圆明园中的鸣钟楼（［清］唐岱《圆明园四十景图咏册之慈云普护》［局部］）

安放若何，用笔若何，积墨若何，必于我有出一头地处，久之自与吻合矣。"用功之法，足可参考。日本明治维新之前，学习中土，明治维新后效法欧洲，近又模仿美国，其建筑与园林，总表现大和民族之风格，所谓有"日本味"。此种现状，值得注意。至于历史之研究自然居首重地位，试观其图书馆所收之中文书籍，令人瞠目，即以《园冶》而论，我国亦转录自东土。继以欧美资料亦汗牛充栋，而前辈学者，如伊东忠太、常盘大定、关野贞等诸先生，长期调查中国建筑，所为著作，至今犹存极高之学术地位，真表现其艰苦结实之治学态度与方法，以抵于成，在得力于收集之大量直接与间接资料，由博反约。他山之石，可以攻玉。园林重"借景"，造园与为学又何独不然。

园林言虚实，为学亦若是。余写《说园》，连续五章，虽洋洋万言，至此江郎才尽矣。半生湖海，踏遍名园，成此空论，亦自实中得之。敢贡己见，求教于今之方家。老去情怀，期有所得，当秉烛赓之。

附录：中国园林名画例选

［唐］周昉《维摩演教图》（局部）

［唐］佚名《宫苑图》

［南宋］佚名《仙馆秋花图》

［宋］佚名《宋人司马光独乐园图》（局部）

[元] 吴镇《草亭诗意图》

[元]夏永《滕王阁图》

［元］徐贲《狮子林图册之狮子峰》

[明]沈周《盆菊幽赏图》

125

[明]文徵明《林榭煎茶图》（局部）

［明］文徵明《东园图卷》（局部）

［明］文徵明《浒溪草堂图》

[明]仇英《辋川十景图》

［明］仇英《园林清课图》（局部）

[明]仇英《十八学士登瀛洲图》(局部)

[明]柳隐《仿古册》之一

［明］柳隐《仿古册》之二

凉散碧梧影
横琴每夕攀
韵涵千涧水
生送隔溪云
仙乐钧天梦
秋声语拼筝
倚栏风细细
沁稿绵幛

[明] 柳隐《仿古册》之三

［清］石涛《花卉山水册之五》

［清］王云 《休园图》

从周

陈从周作品精选

出品人	康瑞锋
项目统筹	田 千
编图及版式	宽 堂
封面设计	InnN Studio

从周
书法 陈从周先生

陈从周作品精选

《谈园录》
《书带集》
《春苔集》
《帘青集》
《随宜集》
《世缘集》
《梓室余墨》

领读名家作品·推荐阅读

黄石文存
冯至文存
费孝通作品精选
何怀宏作品选